성공적으로 시내 전차를 부르는 단 하나의 방법

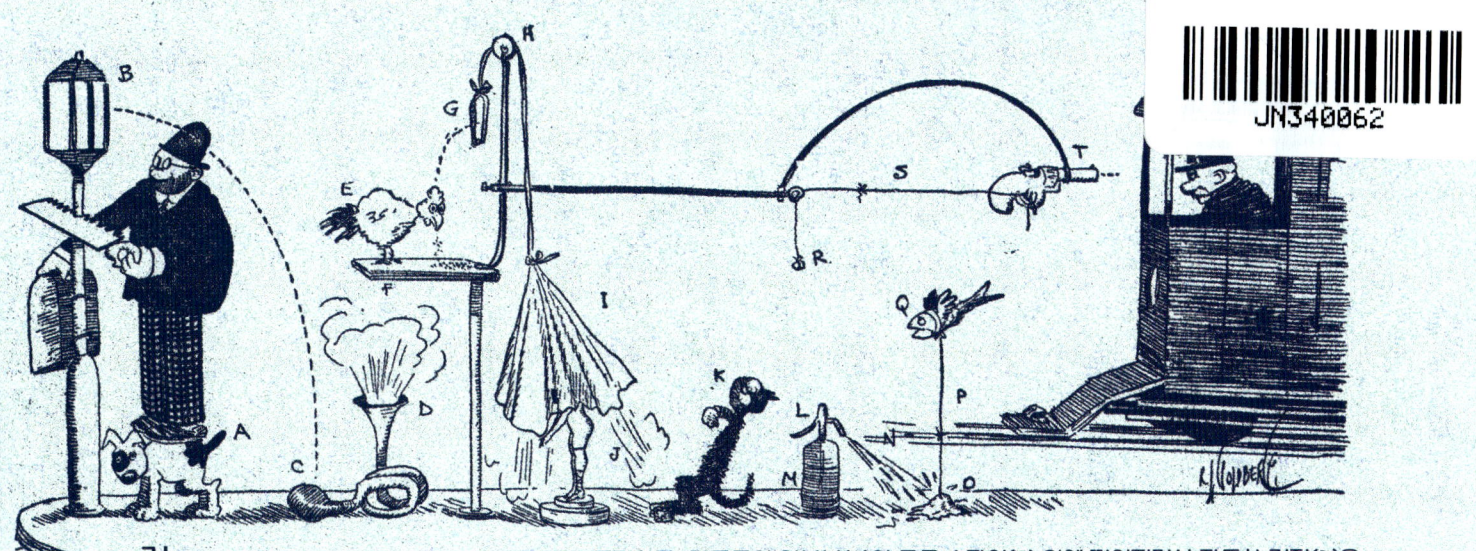

러시아 사냥개(A) 위에 올라서서 가로등 기둥을 톱질한다. 가로등의 윗부분(B)이 고무 손잡이(C) 위에 떨어지면서 자동차 경적(D)을 울려, 판자(F) 위에서 평화롭게 점심을 먹고 있는 닭(E)을 놀라게 한다. 닭이 펄쩍 뛰어올라 목이 올가미(G)에 걸리면, 목이 졸려 정신을 잃는다. 닭의 무게로 도르래(H)에 걸린 줄이 당겨져 천(I)이 들어 올려지면서 유럽에서 온 목욕하는 소녀 조각상(J)이 모습을 드러낸다. 그 모습을 보고 고양이(K)가 놀라 뒤에 있는 탄산음료 통(M)의 꼭지(L) 위로 넘어져서 소다수(N)가 쏟아지기 시작한다. 소다수에 날치(Q)를 잡아 놓은 줄(P)을 고정시킨 접착제(O)가 녹는다. 풀려난 날치는 빵 부스러기(R)로 날아가고, 줄(S)이 당겨지면서 권총(T)이 발사되어 기관사를 쫓아낸다. 그때쯤 회사에서 다른 기관사를 보내 오고, 승객은 안전하게 전차를 탄다.

우표에 침을 발라 붙이는 단 하나의 위생적인 방법

편지를 부치기 2주일 전에 거북이 한 마리를 사서 먹이를 뿌려 놓은 판자(A) 위에 올려놓는다. 거북이가 2주일 걸려서 정해진 위치(B)에 도착했을 때, 줄(C)을 당겨 양파(D)를 쏘아 올려 그림에서처럼 거북이의 머리를 맞힌다. 날아온 양파에 된통 얻어맞은 거북이가 울고, 눈물방울이 우표에 떨어져 봉투에 붙일 수 있게 된다.

사라 애런슨 글

골드버그 장치처럼 복잡한 방법으로 작가가 되었습니다. (A) 스포츠 강사로 일하다가 (B) 물리 치료사가 되고, (C) 두 아이를 낳은 뒤 학원을 운영하다가, (D) 어린이와 청소년을 위한 온갖 종류의 책을 쓰는 일에 과감히 뛰어들었습니다. 루브 골드버그처럼 놀이와 모험, 창의성의 힘을 믿으며, 미국 일리노이주 에번스턴에서 살고 있습니다.

로버트 뉴베커 그림

루브 골드버그처럼 신문에 삽화를 그립니다. 『뉴욕 타임스』와 『월스트리트 저널』, 『슬레이트』 등 여러 신문과 잡지에 그림을 그렸습니다. 그린 책으로는 『루이 왕의 신발』, 『키스 해링: 낙서를 사랑한 아이』 등이 있습니다. 현재 가족과 함께 커다란 사슴이 자주 찾아오는 미국 유타주 파크시티에서 살고 있습니다.

양진희 옮김

연세대학교 불어불문학과를 졸업하고, 프랑스 파리4대학에서 불어학 박사 과정을 수료했습니다. 옮긴 책으로 『새똥과 전쟁』, 『크록텔레 가족』, 『자유가 뭐예요?』, 『내 마음이 자라는 생각 사전』, 『나는 반대합니다』, 『여섯 개의 점』, 『색이 가득한 주머니』, 『별을 보는 아이』 등이 있습니다.

루브 골드버그처럼
골드버그 장치로 세상을 풍자한 천재 만화가 이야기

초판 1쇄 발행 | 2020년 4월 25일 **초판 2쇄 발행** | 2021년 7월 20일
지은이 | 사라 애런슨 **그린이** | 로버트 뉴베커 **옮긴이** | 양진희
펴낸이 | 양진오 **펴낸곳** | (주)교학사 **등록일** | 1962년 6월 26일 제18-7호
주소 | 서울특별시 금천구 가산디지털1로 42(공장) 서울특별시 마포구 마포대로 14길 4(사무소)
전화 | 편집부 (02)7075-328 · 영업부 (02)7075-147 **팩스** | (02)839-2505
홈페이지 | www.kyohak.co.kr **편집** | 김인애, 김길선

JUST LIKE RUBE GOLDBERG : The Incredible True Story of the Man Behind the Machines
by Sarah Aronson, and the illustrator is Robert Neubecker
Text copyright © 2019 Sarah Aronson
Illustrations copyright © 2019 Robert Neubecker
All rights reserved. No part of this book may be reproduced or transmitted in any form
or by any means, electronic or mechanical, including photocopying, recording
or by any information storage and retrieval system without permission in writing from the Publisher.
This Korean edition was published by Kyohak Publishing Co., Ltd. in 2020 by arrangement with
Simon & Schuster Children's Publishing Division, 1230 Avenue of the Americas, New York, NY 10020
through KCC(Korea Copyright Center Inc.), Seoul.

이 책은 (주)한국저작권센터(KCC)를 통한 저작권자와의 독점계약으로 (주)교학사에서 출간되었습니다.
저작권법에 의해 한국 내에서 보호를 받는 저작물이므로 무단 전재와 무단 복제를 금합니다.

ISBN 978-89-09-54273-9 74800

함께자람은 (주)교학사의 유아·어린이책 브랜드입니다.

루브 골드버그처럼

골드버그 장치로 세상을 풍자한
천재 만화가 이야기

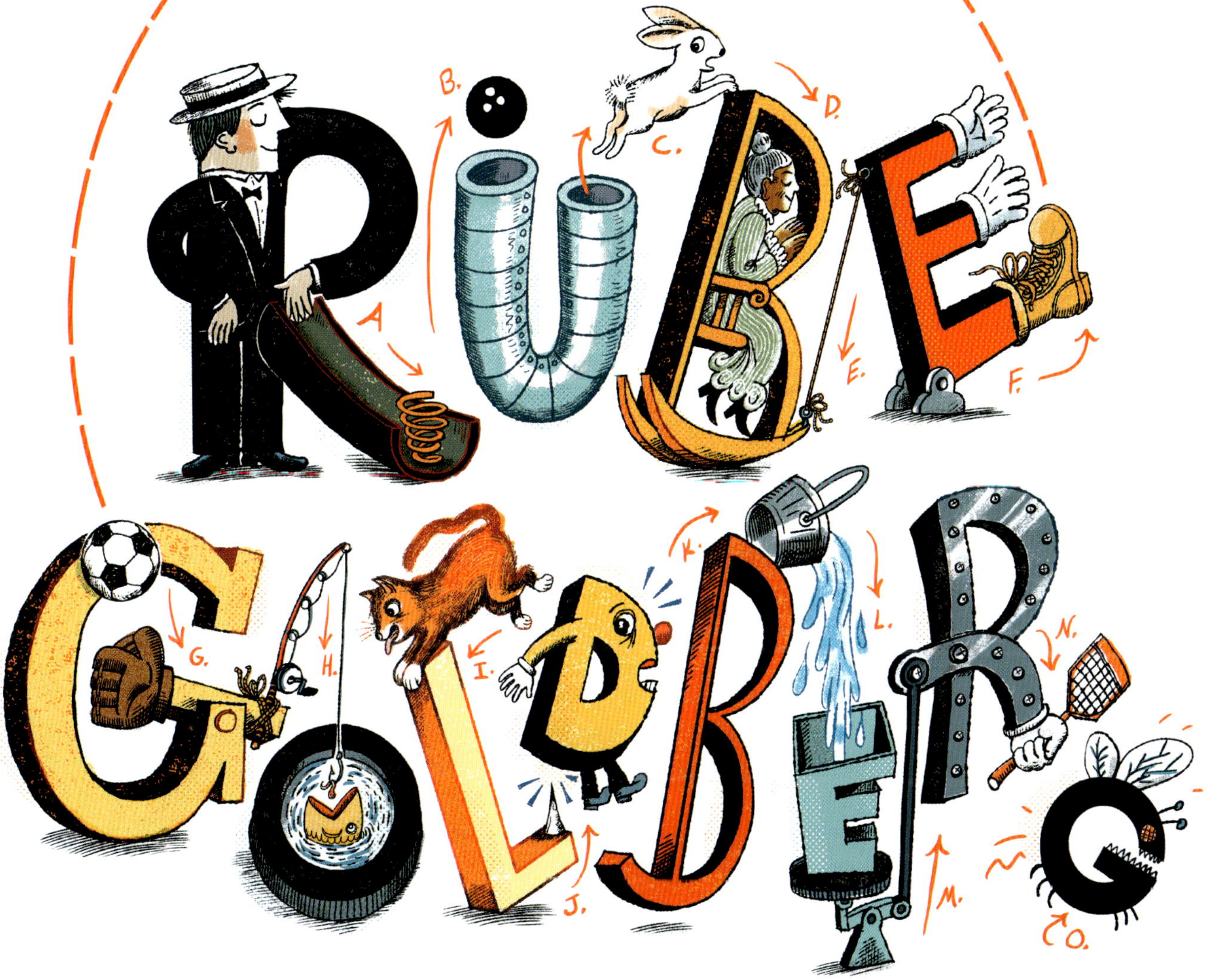

사라 애런슨 글 ● 로버트 뉴베커 그림 ● 양진희 옮김

상을 받은 예술가이면서,
아무것도 발명하지 않고도 유명한 발명가가 될 수 있을까요?
(이것은 속임수를 쓰는 질문이 아니에요.)

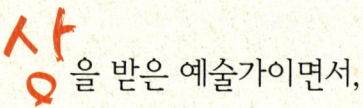

루브 골드버그라는 사람이 그랬어요.
재미있게도, 루브 골드버그의 삶은 그의 발명품들과 똑같아요.
복잡한 과정을 줄줄이 거쳐 딱 맞아떨어지게 되는
엉뚱한 기계 장치 말이에요.

루브 골드버그는 어려서부터 그림 그리는 것을 좋아했어요.
평범한 그림을 말하는 게 아니에요.
네 살 때부터 루브는 책에 있는 만화를 베껴 그렸어요.
열한 살 때는 간판장이에게서 정식으로 그림 수업을 받았어요.

루브는 조용한 아이였어요.
수줍음도 많이 탔어요.
하지만 루브는 최고의 신문에 만화를 그리는
훌륭한 만화가가 되기로 굳게 결심했어요.

루브가 만화가가 되겠다고 말했을 때, 가족들은 너무너무 놀랐어요!
실망이 이만저만이 아니었지요! 루브의 아버지 맥스는 독일에서 미국으로 이민을 왔어요.
가족들에게 더 나은 삶을 살 수 있는 기회를 주기 위해서였어요.
아버지는 아들이 거리에서 구걸하게 되는 걸 원치 않았어요.

루브는 「샌프란시스코 크로니클」 신문사에 취직을 했어요.

일주일에 8달러를 받으며
휴지통을 비우고,
바닥 청소를 하고,
자료 보관함에 사진들을
정리해 넣었어요.

매일매일 루브는 자기가 그린 만화를
편집장에게 보여 주었어요.
매일 밤 편집장은 루브의 만화를
거의 다 퇴짜 놓았어요.
만화가 편집장의 마음에 들면
그림 값을 받기도 했지만,
그렇지 않을 때에는 그저 하고 싶지 않은
자질구레한 일에서 놓여날 뿐이었어요.

일 년 뒤, 루브는 「샌프란시스코 블러틴」 신문사의 스포츠부에 일자리를 얻었어요.
그런 다음 만화가로 조금 더 자리를 잡았어요. 루브는 자신만의 만화 기법을 개발해 냈고,
신문에 만화가 연재되었어요. 세상일을 풍자하는 시사만화도요!

루브의 이야기는 여기서 끝났을지도 몰라요. 그런데 그때, 말 그대로 땅이 흔들렸어요.

1906년에 일어난 샌프란시스코 대지진으로 도시가 무너져 내렸고,
일자리와 집을 잃은 많은 사람들이 떠나갔어요.
큰 재난이 일어나면 사람들은 자신의 꿈에 힘을 쏟기가
어려울 수 있어요.
희망을 갖는 건 더 어려울 수 있고요.

그러나 루브는 꿈을 포기하지 않았어요.
포기하기는커녕 자기가 할 수 있는 단 하나의 일을 했어요.
루브는 만화를 그려서 사람들에게 용기를 북돋아 주었어요.
그리고 나서 루브는 큰 결정을 내렸어요.

1906년에 루브 같은 사람이 크게 성공할 수 있는 곳은 단 한 곳뿐이었어요.
바로 루브가 '맨 앞줄'이라고 부르는, 만화의 본고장 뉴욕이었지요.
그래서 루브는 기차를 타고 뉴욕으로 갔어요.

루브는 돈이 별로 없었어요. 200달러와 다이아몬드 반지 한 개가 전부였지요.
반지는 혹시 일자리를 구하지 못했을 때, 팔아서 고향으로 돌아오는 기차표를 사라고
아버지가 주신 선물이었어요.

이 신문사 저 신문사에 작품을 보여 주며 일자리를 찾아다닌 지 12일 만에,
루브는 해냈어요! 「뉴욕 이브닝 메일」이라는 큰 신문사에서
만화가로 일하게 된 거예요.

루브는 금세 유명해졌어요.
사람들은 세상에서 일어나는 온갖 일들에 대해
루브가 뭐라고 말하는지 너무나 궁금해했어요.

스포츠에 대해,

정치에 대해,

그리고 매일매일 일어나는
어처구니없는 일들에 대해서요.

하지만 무엇보다도 사람들은 루브의 분신인 루시퍼 고르곤졸라 버츠 교수가 나오는
만화를 좋아했어요.

이 괴짜 교수는 복잡한 기계를 연달아 발명해 냈는데,
그 기계들 중 어느 것도 간단하지 않았어요. 사실
그 기계들은 간단한 것과는 거리가 멀었고,
종종 물리 법칙에 어긋나기도 했어요.

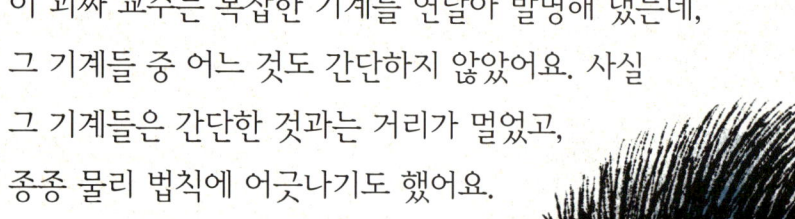

비록 생활을 더 편리하게 해 주는 새로운 기계들이 발명되던 시대였지만, 루브의 괴상한 기계 장치들은 일부러 가장 이상하고 터무니없는 방법으로 문제들을 해결했어요.

예를 들면, **어떻게 도넛에 구멍을 낼까요?**

루브가 공과 대학에서 배웠던
기계들처럼, 이 복잡한 장치들은 아주 많은 부품을
필요로 했어요. 물론 그것들은 언제나 종이 위에서 움직였지요.

그 장치들은 실제 생활에서는 사용할 수 없었어요. 하지만 그게 중요한 건 결코 아니에요.
루브 골드버그는 실제 생활의 문제들을 해결하는 장치들을 그리지 않았어요.
우리들이 문제를 더 가까이 들여다보고, 틀 밖에서 생각하고 상상하게 하려고
만화를 그렸어요.

그렇기 때문에 이 장치들은 산더미 같은 나사를 죄어 만든 그 어떤 기계보다
더 놀랍고 중요한 일을 해냈어요.

그 장치들은 사람들에게 우주에서 가장 놀라운 기계를 사용하도록 했어요.

바로 뇌예요!

그럼 처음부터 다시 살펴볼까요?
만화 그리는 걸 좋아했던 루브 골드버그는
아버지를 기쁘게 해 드리기 위해 엔지니어가 되었어요.
하지만 곧 그 일을 그만두고 신문사에서 잔심부름을 하다가
만화가가 되었어요. 시사만화도 그렸지요.
그리고 마침내 상을 받은 예술가이자, 아무것도 발명하지 않고도
이름이 사전에 올라 있는 발명가가 되었어요.
'간단한 일을 복잡한 방법으로 해결하는'이란 뜻의 형용사로요.

이런 일이 아직도 가능할까요?

그럼요, 가능하고말고요!

여러분이 하고 싶은 일을 찾아내세요.
그런 다음 최선을 다해 열심히 노력하는 거예요.
무엇보다도 즐거운 마음으로
그 일을 끝까지 이루어 내세요…….

루브 골드버그에 대해 좀 더 알아보아요

　루브 골드버그는 1883년 7월 4일, 미국 샌프란시스코에서 태어났어요. 루브의 정식 이름은 루번 개릿 루시어스 골드버그예요. 루브는 수줍음 많고 진지한 아이였어요. 유대인인 루브의 부모님은 독일에서 미국으로 이민을 왔어요. 루브의 아버지는 예술가들은 거지나 다름없다는 생각을 갖고 있었지만, 나중에는 루브의 대리인 일을 도맡아 했어요. 루브는 캘리포니아 버클리 대학을 다닐 때, 「펠리컨」이라는 학생 신문에 만화를 그렸어요.

　1905년부터 1938년까지 루브는 「멍청한 질문」, 「마이크와 아이크」, 「보보 벡스터」를 비롯한 60편이 넘는 만화 시리즈를 그렸어요. 「나는 남자야」를 그릴 때는 독자들에게 "나는 샌드위치에 샌드(모래)를 넣은 남자야."같이 우스운 이야기들을 보내 달라고 제안하기도 했어요. 루브의 첫 번째 발명 만화는 「간단한 모기 퇴치기—집집마다 반드시 갖춰 놓아야 한다!」였어요. 1912년 7월 17일에 나온 이 만화는 결코 간단하지 않았어요. 1912년부터 1932년까지 루브는 거의 2주일마다 새로운 발명 만화를 만들어 냈는데, 그 뒤 1964년까지는 조금 뜸했어요. 작품 하나를 완성하기까지 30시간이나 걸리기도 했지요. 루브는 자신의 기계 장치는 "아주 작은 결과를 얻기 위해 너무 많은 노력을 기울이는 인간의 능력을 표현한 것."이라고 말했어요. 어린이 보드 게임 '마우스 트랩'은 루브의 장치에서 영감을 얻었지요.(그리고 실제로 작동되었어요!)

　루브는 자동차를 좋아했어요. 1910년, 첫 차로 '미네르바'를 사, 뉴욕에서 최초로 이 차를 가진 사람 중 한 명이 되었어요

　루브 골드버그는 정치적인 문제나 논란거리를 피하지 않았어요. 제1차 세계 대전이 일어난 지 나흘 만에 「뉴욕 이브닝 메일」이 '가까이에서 보는 역사'라고 부르는 것을 자세히 살펴보려고 파리로 갔어요. 1918년에는 평화 회담을 취재하기 위해 유럽에 갔어요. 1939년에 루브는 루즈벨트 대통령의 뉴딜 정책을 조롱하는 기계 장치를 그렸어요. 제2차 세계 대전 동안 항의 편지와 살해 협박을 받게 되자, 루브는 아들들에게 성을 바꾸라고 했어요. 큰아들 이름이 조지였는데, 둘째아들 톰은 아무 생각 없이 성을 조지로 바꾸었어요.

루브 골드버그는 '만화가들의 대부'로 알려져 있어요. 1946년, 다른 만화가들과 함께 군인들을 위문하러 전국을 돌아다닌 뒤, 미국 만화가 협회(NCS)의 설립을 돕고 초대 회장으로 뽑혔어요. 1967년, 루브는 자신의 이름을 딴 협회 최고 상인 루번상을 받았어요. 그리고 세상을 떠난 지 10년 뒤인 1980년, 미국 만화가 협회 골드키상을 받았어요. 1995년, 미국 우편국은 루브의 자동 냅킨 장치가 그려진 '루브 골드버그 장치' 기념 우표를 만들었어요.

　1948년, 루브는 세계 지배와 세계 파괴 사이에 위태롭게 놓여 있는 거대한 원자폭탄 위의 집과 가족을 그린 정치 풍자만화 「오늘의 평화」로 퓰리처상을 받았어요.

　루브 골드버그는 은퇴는 생각도 하지 않았어요. 평생 동안 거의 5만 편에 이르는 만화를 그렸고, 심지어 여든 살에는 조각가로도 활동했어요. 루브 골드버그는 1970년 12월 7일, 여든일곱 살의 나이로 세상을 떠났어요.

　루브 골드버그는 "창조적인 일을 하려면 용기가 있어야 해요."라고 말했어요. 루브의 작품은 전 세계의 교실, 만화가 그리고 예술가 들에게 정해진 틀을 벗어나서 생각하라고 끊임없이 영감을 불어넣고 있어요.

대문 앞에 놓인 우유를 도둑맞지 않는 쉬운 방법

도둑이 대문 앞에 있는 우유병(A)을 집어 들면, 고양이(B)가 몸을 일으키며 대문 앞 계단 뚜껑(C)을 들어 올려서 대문을 관통하는 끝이 뾰족한 막대(D)를 민다. 막대 끝(E)이 뜨거운 물주머니(F)를 뚫어서 상자(G)에서 자라고 있는 양파 위로 물이 떨어지게 된다. 물이 떨어지면서 양파는 스테이크가 들어간 양파 파이 그림(H)에 충분히 닿을 수 있을 만큼 자란다. 그리고 이 그림이 진짜라고 생각하고 안아 주러 뛰어올라 캔버스를 뚫고 나간 뒤 가위(I) 위로 떨어져 줄(J)을 잘라 감시견(K)을 풀어 주게 된다. 감시견은 금고털이 인형(L)을 공격하여 도르래(N)에 연결된 줄(M)을 움직이게 하고, 자재 운반통(O)을 들어 올려 벽돌(P)이 대장벌(Q) 위로 떨어진다. 사람(R)이 벽돌을 던졌다고 생각한 벌이 그 사람을 쏘아 깨우면, 제때에 경찰서에 전화를 걸어 도둑을 잡게 된다.

웨이터의 관심을 끌 수 있다고 알려진 단 하나의 방법

식당에 들어가기 전에 알코올이 들어간 샴푸(A)를 바른다. 머리에서 나는 알코올 냄새에 파리(B)가 깨어나 비틀거리며 내려온다.(C) 그리고 버튼(D) 위에 떨어지면서 라이터(E)에 불을 댕기고 폭죽(F)을 터뜨린다. 폭죽 소리를 듣고 머리 위로 독일의 체펠린 비행선들이 지나간다고 생각한 프렌치 팬케이크(G)는 적의 손에 죽기보다는 스스로 목숨을 끊는 게 낫겠다고 생각하고 판자에서 뛰어내리면서 줄(H)을 잡아당긴다. 그 바람에 깡통(J) 뚜껑(I)이 열리며 정신 나간 인형(K)이 떨어진다. 다람쥐(L)가 호두를 보고 쳇바퀴(M)에서 벗어나려고 애쓰면서 도르래(N)를 돌리고 원통형 유리 용기(O)를 빙글빙글 돌린다. 용기 안의 동전들(P)이 짤랑짤랑 소리를 내면서 달콤한 돈 소리가 나팔(Q)을 통해 웨이터의 귀에 들려온다. 그래서 이 기쁜 소리가 어디서 나는지 알아보러 웨이터가 오게 된다.